BEI GRIN MACHT SICH IHR WISSEN BEZAHLT

AF137221

- Wir veröffentlichen Ihre Hausarbeit,
  Bachelor- und Masterarbeit

- Ihr eigenes eBook und Buch -
  weltweit in allen wichtigen Shops

- Verdienen Sie an jedem Verkauf

Jetzt bei www.GRIN.com hochladen
und kostenlos publizieren

Computer Supported Cooperative Work (CSCW) als Enabler intentionaler Open Innovation Prozesse

Michael Poiger

Bibliografische Information der Deutschen Nationalbibliothek:

Die Deutsche Nationalbibliothek verzeichnet diese Publikation in der Deutschen Nationalbibliografie; detaillierte bibliografische Daten sind im Internet über http://dnb.d-nb.de abrufbar.

ISBN: 9783346594808
Dieses Buch ist auch als E-Book erhältlich.

© GRIN Publishing GmbH
Nymphenburger Straße 86
80636 München

Alle Rechte vorbehalten

Druck und Bindung: Books on Demand GmbH, Norderstedt Germany
Gedruckt auf säurefreiem Papier aus verantwortungsvollen Quellen

Das vorliegende Werk wurde sorgfältig erarbeitet. Dennoch übernehmen Autoren und Verlag für die Richtigkeit von Angaben, Hinweisen, Links und Ratschlägen sowie eventuelle Druckfehler keine Haftung.

Das Buch bei GRIN: https://www.grin.com/document/1174152

Hochschule Fresenius

Fachbereich onlineplus

Studiengang: Digital Business Management and Engineering (M. Sc.)

Hausarbeit

Computer Supported Cooperative Work (CSCW) als Enabler intentionaler Open Innovation Prozesse

Michael Poiger

Modul: Collaboration Engineering (M204)

Abgabedatum: 17.06.2021

Inhaltsverzeichnis

Abbildungsverzeichnis

Tabellenverzeichnis

Abkürzungsverzeichnis

CSCW	Cumputer Supported Cooperative Work
IKT	Informations- und Kommunikationstechnologie
OI	Open Innovation
SLR	Systematische Literaturrecherche

1 Einleitung

In Anbetracht des disruptiven Wandels aufgrund der voranschreitenden Digitalisierung und der daraus erfolgenden Modifikation des Konsumverhaltens stehen den Institutionen große Änderungen bevor. Unternehmen sind dahingehend gefordert, die Ubiquität von digitalem Datenmaterial in die transformierenden Entwicklungs- und Kommunikationsprozesse miteinzubeziehen. Im Kontext einer steigenden Gleichwertigkeit des Digitalen sowie Analogen werden Organisationen mit neuen Problematiken und einer Vielzahl an Chancen konfrontiert (Schmäh et al., 2016). Durch die Globalisierung und den damit einhergehenden neuen Konkurrenten steigt der Wettbewerbs- und Innovationsdruck. Des Weiteren werden die Produktionszyklen kürzer, wodurch Einrichtungen innovative Methoden zur Steigerung ihres Entwicklungspotenzials implementieren müssen (Enkel & Gassmann, 2009). Dadurch sind unter anderem die Organisationsstrukturen und Arbeitsabläufe zu revolutionieren.

Zur Bewältigung dieser Herausforderungen sind zwei oder mehrere Teams zu integrieren, welche z. B. in Form von Kooperationsvereinbarungen, Lizenzierungsvereinbarungen und Übernahmen zusammenarbeiten. Dieses fortschrittliche Verständnis erfordert einen optimalen Einsatz der Ressourcen und Beschäftigten (Wilson, 2018). Unternehmen, die in Zukunft keine innovativen Neuerungen hervorbringen, werden zwangsläufig vom Markt gedrängt (Chesbrough, 2006). Dabei bildet die umfassende Kommunikation einen elementaren Bestandteil von Innovationen (Gassmann & Sutter, 2008). Standardisierte Innovationsprozesse dienen der Reduzierung von technischen Komplexitäten und der Lösung von Informations- und Kommunikationsproblematiken (Hauschildt et al., 2016). Die genannte Vorgehensweise kann unter dem Oberbegriff Open Innovation (OI) subsumiert werden.

Für diese kollaborative Zusammenarbeit wird die Anwendung von modernen Informations- und Kommunikationstechnologien (IKT) zunehmend wichtiger (Höfferer & Sandriester, 2009). Im Laufe der Zeit haben sich die technologischen und sozialen Aspekte der computerunterstützten Gruppenarbeit stark verändert. Computer Supported Cooperative Work (CSCW) nutzt IKT, um flache Hierarchien im Unternehmen zu implementieren und die Teamarbeit insgesamt produktiver zu gestalten (Krcmar, 1993). Die Mitglieder verwenden dabei neuartige Technologien, wie z. B. Smartphones, Tablets oder Wearables, um weltweit verteilt zu interagieren (Wallace, Oji & Anslow, 2017).

Die Realisierung einer systematischen Literaturrecherche (SLR) ermöglicht die Evaluation der Vorteile von CSCW beim Einsatz in OI-Prozessen. Eine Clusterung von Daten bildet die Grundlage zur Ableitung signifikanter Ergebnisse. Auf Basis der selektierten Informationen lässt sich die Frage beantworten, welches Potenzial für Open Innovation Prozesse durch den Einsatz von Computer Supported Cooperative Work entsteht.

2 Theoretische Grundlagen

Im Vorfeld ist es unerlässlich, ein grundlegendes Verständnis für die einzelnen Begrifflichkeiten zu erzeugen. Termini, wie z. B. Computer Supported Cooperative Work und Open Innovation sind mittlerweile elementarer Bestandteil des unternehmerischen Vokabulars. Aus dem Grund wird zunächst die Disziplin CSCW einer genaueren Betrachtung unterzogen, bevor anschließend eine umfassende Beschreibung des OI-Bereichs erfolgt.

2.1 Computer Supported Cooperative Work (CSCW)

Dieses Kapitel gliedert sich insgesamt in drei Teilbereiche. Einleitend ist eine prinzipielle Definition vorzunehmen. Darauf aufbauend wird in einer weiteren Phase die Abgrenzung zur sogenannten Groupware dargestellt. Eine Veranschaulichung von drei potenziellen Klassifikationsmöglichkeiten rundet das Themengebiet ab.

2.1.1 Begriffsdefinition

Der Begriff Computer Supported Cooperative Work stellt ein Akronym dar, dass insgesamt aus vier einzelnen Wörtern besteht. Bereits im Jahr 1984 wurde der Ausdruck im Rahmen eines Workshops geprägt (Rüdebusch, 1993). Generell umfasst die Disziplin den Einsatz von neuartigen Technologien zur Unterstützung der personenübergreifenden Zusammenarbeit, wodurch wiederum neue Ausprägungen an individuellen Gruppenaktivitäten und -praktiken entstehen (Greif, 1988; Gross & Koch, 2007). Des Weiteren repräsentiert CSCW ein interdisziplinäres Forschungsgebiet aus Wirtschaftsinformatik, Soziologie, Psychologie, Wirtschaftswissenschaften und diversen daran anknüpfenden Fachrichtungen (Leimeister, 2014). Dabei wird primär untersucht, wie Individuen in Teams zusammenarbeiten und diese dabei durch Informations- und Kommunikationstechnologien unterstützt werden können (Teufel et al., 1995). Das Hauptaugenmerk liegt auf der Kommunikation, Koordination, Konsensfindung und Bearbeitung von Informationsobjekten zur Effektivitäts- und Effizienzsteigerung (Lackes & Siepermann, 2018). CSCW soll als Versuch verstanden werden, das Wesen und die Merkmale der kooperativen Arbeit zu verstehen. Das Ziel ist eine Bereitstellung von adäquaten, computerbasierten Technologien (Schmidt & Bannon, 1992).

Computer Supported Cooperative Work ist somit als gruppierender Oberbegriff zu betrachten. Das Forschungsgebiet ist in mehrere Felder aufgeteilt, wobei die unterschiedlichen Bereiche jeweils auf spezifische Aspekte, Ziele und Terminologien ausgerichtet sind (Koch, Schwabe & Briggs, 2015; Wendel, 1996). Einen der bedeutsamsten Forschungsströme innerhalb von CSCW bildet die Informationsbereitstellung in organisatorischen Umgebungen (Ackerman et al., 2013). Zur Gewährleistung eines kohärenten Überblicks sind sowohl Technologiekomponenten als auch menschliche Komponenten zu differenzieren (Wilson, 2018). Dieses detaillierte Verständnis über kooperative Arbeitspraktiken trägt auf konzeptionelle und technische Weise zur Entwicklung des Collaborative Computing bei (Schmidt, 2016). In der

nachfolgenden Abbildung ist zur besseren Veranschaulichung die vorhandene Interdisziplinarität nochmals dargestellt.

Abbildung 1: Interdisziplinarität von CSCW

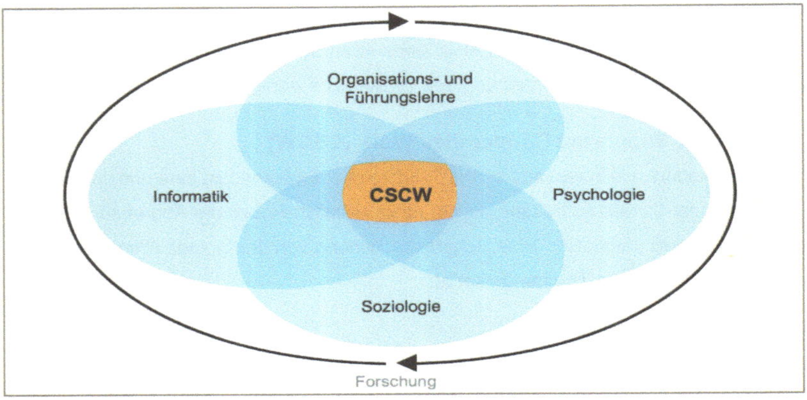

Quelle: eigene Darstellung in Anlehnung an Teufel et al., 1995

Konzepte zur individuellen Unterstützung der Koordination sind am Arbeitsplatz allgegenwärtig
(Malone & Crowston, 2003). Diese enthalten verschiedenste Multimediaanwendungen, welche
die vorhandenen Kommunikationsbedürfnisse durch ein gemeinsames Repertoire an Werk-
zeugen, Dokumenten und Ressourcen unterstützen (Mayer-Patel, 2018). CSCW steht in diesem aufgaben- und zielorientierten Kontext im direkten Zusammenhang mit dem Begriff
Groupware (Ellis, Gibbs & Rein, 1991). Infolgedessen wird im darauffolgenden Kapitel eine
entsprechende Abgrenzung vorgenommen.

2.1.2 Abgrenzung Groupware

In der wissenschaftlichen Literatur werden Groupware (Gruppen-Software) und Computer
Supported Cooperative Work größtenteils synonym verwendet. Die Bedeutungen und vorhandenen Unterschiede der beiden Termini werden nicht deutlich hervorgehoben (Leimeister,
2014). Prinzipiell beschreibt CSCW die umfassende Forschung, während Groupware lediglich
auf die entsprechende Technologie eingeht (Grudin, 1994). Die Gruppen-Software repräsentiert demnach ein technisches, computerbasiertes System bzw. Konzept, welche eine Gruppe
von Personen, Netzwerke oder ganze Organisationen in ihrem Aufgabengebiet unterstützt und
die Schnittstelle für eine geteilte Arbeitsumgebung bietet (Ellis et al., 1991; Leimeister, 2014).
Zu den zentralen Anforderungen zählt demnach die computergestützte Optimierung des Ar-
beitsflusses und des Vorgangsmanagements, indem die vielfältigen Kommunikations- und Tä-
tigkeitsinteraktionen zwischen den einzelnen Mitarbeitenden innerhalb des Projektteams verbessert werden (Nastansky, 1993). Den Nutzenden ist dabei bewusst, dass eine

entsprechende Teamzugehörigkeit vorherrscht, weshalb diese nicht als Individuen handeln (Lynch et al., 1990). Demgegenüber erfolgt bei CSCW eine generelle Entwicklung von Systemen sowie die Analyse von Auswirkungen der Technologie auf die jeweiligen Arbeitsmuster (Dix et al., 2004).

2.1.3 Klassifikationsmöglichkeiten

Nachdem im vorherigen Abschnitt der Hausarbeit eine Abgrenzung der beiden Begrifflichkeiten stattfand, wird nun auf die drei primären Klassifikationsmöglichkeiten eingegangen. Anhand der aufgeführten Unterteilungen lassen sich die einzelnen Technologien bestimmten Bereichen zuordnen. Auf diese Weise kann anschließend eine zielgerichtete Auswahl notwendiger Tools vorgenommen werden. Zunächst wird das Vier-K-Modell vorgestellt, bevor in einem weiteren Schritt die Raum-Zeit-Taxonomie bzw. das Personen-Artefakt-Rahmenwerk beschrieben wird.

2.1.3.1 Vier-K-Modell

Der erste Ansatz zur Klassifikation von Kollaborationswerkzeugen basiert auf der Unterscheidung nach Art der unterstützten Interaktion zwischen den einzelnen Gruppenmitgliedern. Die Wechselbeziehung kann prinzipiell auf Basis von Kommunikation, Koordination oder Kooperation erfolgen (Leimeister, 2014). Somit repräsentiert das Konzept diejenigen Prozesse, welche für eine effektive Gruppenarbeit von Bedeutung sind. Dabei umfasst Kommunikation die Verständigung von Personen durch den Austausch von Informationen. Koordination ist für die Abstimmung aufgabenbezogener Aktivitäten und Ressourcen verantwortlich, während Kooperation auch die Verfolgung gemeinsamer Zielstellungen erfordert (Borghoff & Schlichter, 2010). In dem Kontext lassen sich die genannten Unterstützungsfunktionen in Abhängigkeit ihrer Intensität in einem Dreieck positionieren. Die zugeordneten Groupware-Systeme können wiederum in unterschiedliche Kategorien (Workflow-Management, Workgroup-Computing, Kommunikation, Informationsräume) zusammengefasst werden (Teufel et al., 1995).

Aufbauend auf dieser Klassifikation wird einer Erweiterung vorgenommen, welche sich mit den expliziten Anforderungen und Interaktionen der Benutzenden befasst (Denner, 2011). Dementsprechend werden die drei bereits vorhandenen Klassen um eine vierte Abstufung ergänzt. Die Unterstützung der Koexistenz (Awareness) bildet den elementaren Bestandteil einer erfolgreichen Kollaboration und zeichnet sich durch einen verstärkten Gruppenfokus aus (Gross & Koch, 2007). Eine Systemklassifikation anhand der verschiedenen Interaktionsmöglichkeiten bietet die fundierte Grundlage für die Kategorisierung von Systemen zur computergestützten Gruppenarbeit (Richter, 2010).

2.1.3.2 Raum-Zeit-Taxonomie

Eine weitere grundlegende Orientierung zu den einzelnen Unterstützungsmöglichkeiten bietet die Raum-Zeit-Taxonomie. Auf Basis dieser zweidimensionalen Matrix erfolgt die Klassifizierung der jeweiligen Kollaborationswerkzeuge nach den beiden Kriterien Raum und Zeit (Johansen, 1991). Diese Vorgehensweise repräsentiert eine konventionelle Unterteilung und verdeutlicht die Herausforderungen, welche durch die rechnergestützte Gruppenarbeit bewältigt werden können (Häckelmann, Petzold & Strahringer, 2000). Dabei wird unterschieden, ob die Benutzenden zeitgleich (synchron) oder zeitversetzt (asynchron) interagieren und ob die Wechselbeziehung am selben Ort oder an unterschiedlichen Lokationen stattfindet (Richter, 2010). Eine darauf aufbauende Unterteilung kann hinsichtlich der Vorhersehbarkeit bzw. Nichtvorhersehbarkeit des Raumes und der Zeit (Grudin, 1994). Ausgehend von dieser Annahme lässt sich Groupware bzw. CSCW in vier oder neun Quadranten einteilen.

Dabei ist jedoch zu berücksichtigen, dass die Klassifizierung nicht im Sinne einer Eingrenzung und Abgrenzung anzusehen ist. Die verschiedenen Kategorien nehmen bestenfalls einzelne Systemkomponenten auf. Ein vollumfängliches CSCW-System muss den Anforderungen aller vier bzw. neun Quadranten genügen (Borghoff & Schlichter, 1999). Darüber hinaus ist die vorhandene Raumdimension heutzutage kaum noch relevant (Richter, 2010).

2.1.3.3 Personen-Artefakt-Rahmenwerk

Die dritte Möglichkeit der Klassifizierung stellt das Personen-Artefakt-Rahmenwerk dar. In dem Kontext wird die Beziehung von Individuen untereinander oder die Verbindung zwischen Menschen und Artefakten bei der Kommunikation berücksichtigt. Interaktionen mehrerer Personen sind durch verschiedene Verbindungen gekennzeichnet, welche wiederum diverse Kommunikationskanäle bilden (Dix et al., 2004). Die Relationen lassen sich originär in vier Bereiche unterteilen und können um weitere zwei Disziplinen ergänzt werden. Nachfolgend sind die relevanten Kanäle kurz dargestellt (Gross & Koch, 2007; Richter, 2010):

- Die *direkte Kommunikation* beschreibt eine beidseitige Verständigung zwischen Personen in Form einer Konversation, z. B. durch E-Mail oder Textnachrichten.
- Das *Verstehen* umfasst den bidirektionalen Informationsaustausch ohne Worte. Dabei erfolgt die Interaktion z. B. durch Mimik oder Gestik.
- Eine *Rückmeldung* repräsentiert eine unidirektionale Form der wortlosen Kommunikation, welche vom Artefakt ausgeht, z. B. durch einen Warnhinweis.
- Bei der *Steuerung* handelt es sich um eine von den Personen initiierte und an das Artefakt gerichtete Interaktion, z. B. in Form einer Anweisung.
- Unter *Durchreichen* wird eine unidirektionale Verständigung zwischen Individuen verstanden, welche vom jeweiligen Gegenstand weiterzuleiten ist.

- Der Begriff _Deixis_ inkludiert die Reaktion des beteiligten Systems aufgrund von Beobachtungen der entsprechenden Kommunikation von Individuen.

Das Personen-Artefakt-Rahmenwerk kann insbesondere bei der Entwicklung von neuen Systemen eingesetzt werden. Die Klassifikation ermöglicht die notwendige Zergliederung einzelner Kommunikationskanäle. Ferner gibt das Wesen der Beziehung einen Aufschluss über die beabsichtigte Verwendung des Systems (Gross & Koch, 2007).

2.2 Open Innovation (OI)

Infolge der voranschreitenden Technologisierung und Globalisierung bilden Innovationen die Grundvoraussetzung für die aufstrebende wirtschaftliche Entwicklung und den Erhalt der Wettbewerbsfähigkeit (Žižlavský, 2013). Laut Definition umfassen Innovationen qualitativ neuartige Produkte oder Verfahren, welche sich merklich von einem beschriebenen Vergleichszustand abgrenzen lassen (Hauschildt et al., 2016). Die Vorgehensweise kann prinzipiell auf zwei unterschiedliche Arten erfolgen. Beim sogenannten Closed Innovation generiert, entwickelt und vermarktet eine Organisation eigene Ideen. Diese Philosophie der Selbstständigkeit prägt die Aktivitäten vieler führender Industrieunternehmen (Chesbrough, 2003b). Zur Steigerung des Innovationspotenzials greifen Institutionen vermehrt auf die aktive und strategische Öffnung des Ideationsprozesses zurück (Chesbrough, 2003a; Gassmann, 2006). Diese Form stellt einen neuen Imperativ der Wertschöpfung dar und bildet einen Kontrast zur geschlossenen Vorgehensweise (Chesbrough, 2003a). Im darauffolgenden Abschnitt erfolgt zunächst die prägnante Begriffsdefinition, bevor anschließend auf mögliche Kernprozesse eingegangen wird.

2.2.1 Begriffsdefinition

Der Terminus Open Innovation dient als Oberbegriff für anspruchsvolle und kollaborative Innovationsprozesse aller Art. Aus diesem Grund existieren in der fachspezifischen Literatur unterschiedliche Definitionen zu den vorhandenen Merkmalen und Konzepten (Gallouj & Djellal, 2017). Der zentrale Unterschied zur geschlossenen Innovationstheorie besteht darin, dass die Unternehmen mit externen Instanzen hinsichtlich der Effizienz und Effektivität von Prozessen interagieren (Chesbrough, 2003a). Open Innovation stellt somit eine Erweiterung des traditionellen Ansatzes der Produkt- oder Verfahrensentwicklung dar (Bächle, 2009).

Chesbrough (2003b) definiert dieses neue Modell als Paradigma, welches davon ausgeht, dass Unternehmen externe und interne Ideen nutzen, um Technologien voranzutreiben. Demnach impliziert Open Innovation die Entwicklung und Kommerzialisierung von Erfindungen basierend auf fremden und eigenen Kompetenzen und die Vermarktung über entsprechende Vertriebswege (Pohl & Engel, 2020). Dabei erfolgt eine Öffnung der Prozesse für weitere Stakeholder, wie z. B. Kunden, Hochschulen oder Forschungsinstitute (Markgraf, 2018). In diesem Kontext werden Akteure unabhängig von institutionellen Zugehörigkeiten als

Ideengebende, Konzeptentwickelnde oder Innovationsumsetzende in die Gestaltung miteingebunden (Möslein & Neyer, 2009).

Bei Open Innovation steht folglich eine bilaterale Zusammenarbeit von Institutionen im Vordergrund, welche primär auf die Wertschöpfungsaktivitäten ausgerichtet ist (Bächle, 2009). Zur direkten Übernahme der Vorschläge werden entsprechende Softwarewerkzeuge eingesetzt. Die Entwicklung einer vernetzten Wissens- und Kommunikationsgesellschaft ermöglicht die intentionale Verarbeitung einer Vielzahl an Innovationsimpulsen im Rahmen der interaktiven Leistungserstellung (Houy, Fettke & Loos, 2010). Darüber hinaus repräsentiert die Disziplin ein Handlungsfeld zum Aufbau einer Digital Business Leadership und bildet die Basis für einen erfolgreichen Innovations- und Digitalisierungsprozess (Kreutzer, Neugebauer & Pattloch, 2017).

Das übergeordnete Ziel dieser Vorgehensweise liegt darin begründet, dass unternehmensfremden Quellen als Koproduzenten von innovativen Ideen sowie Konzepten fungieren (Reichwald & Piller, 2009). Durch die gezielte Integration von externen Akteuren können explizite Vorteile erzielt werden, wie z. B. die optimale Anpassung der Produkte an die tatsächlichen Marktanforderungen (Fit-to Market). Als weitere Potenziale lassen sich die Verkürzung der Entwicklungszeit (Time-to-Market), die Reduktion der entstehenden Kosten (Cost-to-Market) und die Steigerung der Attraktivität bzw. des wahrgenommenen Neuheitsgrades (New-to-Market) realisieren (Reichwald & Piller, 2009).

2.2.2 Strategische Ausrichtung

Wie bereits erwähnt, hat sich das Konzept der Open Innovation als neues Innovationsparadigma etabliert. Aufgrund der gestiegenen Notwendigkeit, durch derartige Prozesse wirtschaftliches Wachstum oder Differenzierungspotenziale auszuschöpfen, werden dieser Disziplin zahlreiche Aktivitäten zugeschrieben (Enkel & Gassmann, 2009). Open Innovation integriert allerdings nicht nur extern vorhandene Kompetenzen in die internen Innovationsprozesse. Eigene Entwicklungen, welche nicht zum Unternehmen passen, können z. B. durch Spin-offs, Lizensierung oder Open Source Initiativen ausgelagert werden (Markgraf, 2018). Im folgenden Abschnitt sind die drei primären Kernprozesse der strategischen Ausrichtung dargestellt (Enkel & Gassmann, 2009).

2.2.2.1 Outside-in Prozess

Diese Vorgehensweise wird auch als Inbound Open Innovation benannt und umfasst Innovationsprozesse, welche externes Wissen und Ideenquellen nutzen, um Erfindungen intern zu entwickeln. Die Lokation der Wissensgenerierung muss nicht zwangsläufig mit dem Ort der Innovationsentstehung übereinstimmen (Pohl & Engel, 2020). Eine Anreicherung der unternehmenseigenen Leistungsfähigkeit durch eine gezielte Einbindung von Lieferanten, Kunden und Forschungseinrichtungen kann die Innovationskraft eines Unternehmens signifikant steigern (Gassmann & Enkel, 2004). Dazu gehört ferner die Nutzung von bereits vorhandenem Wissen in Form von Patenten und Applikationen oder das aktive Transferieren von Technologien aus anderen Institutionen. Die Verwendung der einzelnen Quellen ist dabei sehr unterschiedlich (Enkel & Gassmann, 2009). Um den potenziellen Mehrwert zu generieren, stellt die Beschaffung sowie der Erwerb von adäquaten Ressourcen ebenfalls einen entscheidenden Schritt dar (Dahlander & Gann, 2010). Durch den Einsatz von Outside-in Prozessen können die Zielsetzungen der Unternehmen effizienter erreicht werden (Laursen & Salter, 2006).

2.2.2.2 Inside-out Prozess

Die zweite Methode zeichnet sich durch eine externe Kommerzialisierung und Multiplikation vorhandener Kompetenzen und Technologien in anderen Märkten aus. Organisationen streben eine Differenzierung und Vervielfältigung der eigenen Ideen an (Enkel & Gassmann, 2009). Unternehmen, die den Inside-out Prozess, auch Outbound Open Innovation genannt, etablieren, konzentrieren sich somit primär auf eine Externalisierung ihres Wissens, um die entsprechende Innovation schneller auf dem Absatzmarkt bereitzustellen, als dies durch eine interne Entwicklung möglich ist (Enkel, Gassmann & Chesbrough, 2009).

Der Grund für die genannte Vorgehensweise liegt häufig darin begründet, dass Institutionen eine Vielzahl an Ideen konzipieren, welche aufgrund der fehlenden Priorisierung für eine weitere Analyse oder unzureichenden Ressourcen nicht weiterverfolgt werden. Damit die Möglichkeit einer zukünftigen Umsetzung dennoch vorhanden bleibt, ist die interne Wissensbasis der jeweiligen Innovationen zur Realisierung an Außenstehende zu vergeben (Pohl & Engel, 2020). Das übergeordnete Ziel enthält das Generieren von Gewinnen durch die Markteinführung, die Veräußerung von geistigem Eigentum sowie der Vervielfältigung von Technologien durch eine gezielte Übertragung von Ideen in die Außenumgebung (Gassmann & Enkel, 2004). Unternehmen, die diesen Ansatz implementieren, müssen Managementverfahren zum Schutz und zur Aufrechterhaltung ihres geistigen Eigentums einrichten, um einen unbeabsichtigten Wissensabfluss zu vermeiden (Eppinger, 2012).

2.2.2.3 Coupled Prozess

Ein sogenannter Coupled Prozess kombiniert die beiden erstgenannten Formen miteinander. Organisationen verwenden einerseits das externe Wissen für interne Innovationsvorhaben. Andererseits werden überschüssige Kompetenzen externalisiert, wovon wiederum weitere Unternehmen profitieren (Pohl & Engel, 2020). In dem Zusammenhang entsteht eine bilaterale Kooperation mit komplementären Partnern. Dabei ist primär das Prinzip der Gegenseitigkeit von entscheidender Bedeutung (Gassmann & Enkel, 2004). Das Verfahren beschreibt somit einen gemeinsamen Innovations- und Entwicklungsprozess von der originären Idee bis zur finalen Vermarktung (Enkel & Gassmann, 2009). Der gekoppelte Prozess bezieht sich auf Co-Kreationen in Form von Allianzen, Kooperationen und Joint Ventures, wobei wiederum arbeitsteilig agiert werden kann (Enkel et al., 2009). Ein interdisziplinärer und intentionaler Informations- und Wissensaustausch bildet die Schlüsselkomponente einer erfolgreichen Modellierung sowie Koordination von Innovationen. Coupled Prozesse stellen eine Voraussetzung der gemeinschaftlichen Entwicklung interorganisationaler Netzwerke dar.

Die drei aufgeführten Kernprozesse repräsentieren adäquate Open-Innovation-Strategien, jedoch sind signifikante Unterschiede bei der Priorisierung innerhalb von Institutionen erkennbar (Gassmann & Enkel, 2004). Der Grad an Offenheit ist insofern variabel, indem Unternehmen selbst entscheiden können, welche Kompetenzen intern verwendet bzw. extern ausgegeben werden (Pohl & Engel, 2020). In Abbildung 2 sind die jeweiligen Prozesse der strategischen Ausrichtung nochmals dargestellt.

Abbildung 2: Kernprozesse von Open Innovation

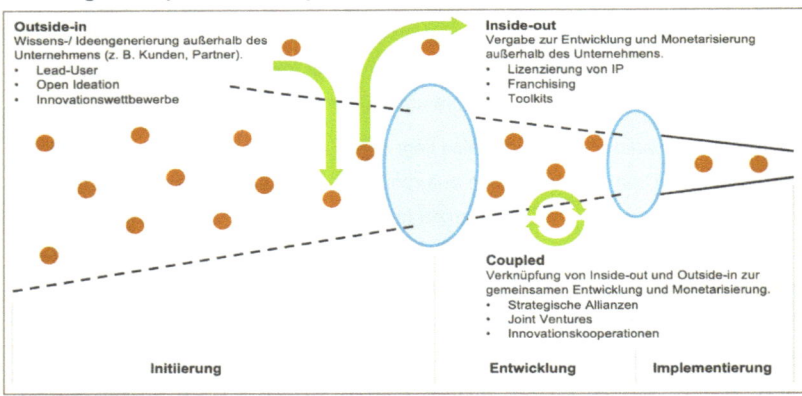

Quelle: eigene Darstellung in Anlehnung an Gassmann & Enkel, 2004

3 CSCW in Open Innovation

Institutionen beschäftigen sich aufgrund der voranschreitenden Digitalisierung zunehmend mit innovativen Formen der personenübergreifenden Kommunikation. Die dahingehende Entwicklung stellt einen der zentralen Gründe dar, weshalb CSCW als Enabler intentionaler Open Innovation Prozesse angesehen wird. In diesem Kapitel der Arbeit wird zunächst auf konkrete Einsatzmöglichkeiten eingegangen und darauf aufbauend die Potenzialanalyse durchgeführt.

3.1 Anwendungsmöglichkeiten

Die zwei wesentlichen Hindernisse bei der kollaborativen Zusammenarbeit in Innovationsprozessen sind eine komplexe Kommunikation und die gemeinsame Datenverwaltung. Auftretende Problematiken können anhand gezielter Kontrollmechanismen überwacht und durch den Einsatz adäquater CSCW-Technologien (Groupware) gesteuert werden. Bei Forschungs- und Entwicklungsaktivitäten spielen primär drei Bereiche eine entscheidende Rolle (Lindermeir, 2016). Nachfolgend werden die Disziplinen inkl. einer entsprechenden Gruppen-Software dargestellt.

Einen relevanten Beitrag zu erfolgreichen Open Innovation Prozessen liefert die *Kollaborationssoftware zur einfachen Zusammenarbeit.* Als potenzielle Software ist das von Microsoft betriebene Programm „SharePoint" anzuwenden (Lindermeir, 2016). Dieses Programm ermöglicht durch Team-Webseiten, Newsfeeds, Blogs oder Diskussionsseiten die Vereinfachung und Intensivierung der bereichs- und unternehmensübergreifenden Kommunikation. Aufgrund der Möglichkeit einer synchronen Bearbeitung von Dokumenten ist die Aktualität sowie Konsistenz vorhandener Daten garantiert (Hiti et al., 2021; Microsoft, 2021b). Diese Applikation unterstützt somit den konzipierten Innovationsprozess von der initialen Ideeneingabe bis zum erfolgreichen Abschluss und bietet vollständige Transparenz, indem der gesamte Lebenszyklus nachverfolgt wird (Drews et al., 2017; Lindermeir, 2016; Newell et al., 2009).

Der zweite Baustein umfasst das *Mobile Working zur einfachen und schnellen Interaktion.* Diese Disziplin kann durch den gezielten Einsatz von agilen Technologien unterstütz werden. Die Anwendung von mobiler Hardware in Kombination mit entsprechender Software verbessert die ortsunabhängige Kommunikation, wodurch jederzeit Ideen in Innovationsnetzwerke eingebracht werden können. Außerdem bietet sich die Möglichkeit der Verringerung von Kosten aufgrund einer effizienten und schnellen Interaktion und die Reduzierung von Entwicklungszeiten, indem das Feedback in Echtzeit erfasst wird (Lindermeir, 2016). Eine geeignete Software ist die HYVE IdeaNet App, welche explizit zum mobilen Arbeiten innerhalb von Innovationsprozessen dient (HYVE, 2021). Die direkten Kosten der Einführung sind relativ gering, da bestehende Dienstgeräte eingesetzt werden können (Andriessen, 2012; Bullinger et al., 2004).

Als drittes Handlungsfeld müssen Institutionen auch die *sozialen Medien zur Intensivierung der Kommunikation nutzen.* In diesem Kontext erfolgt die gezielte Einbindung von verschiedenen Perspektiven, wodurch die Marktbedürfnisse besser eingeschätzt werden können. Eine relevante Softwarelösung stellt das von Microsoft angebotene Programm „Yammer" dar, welches die unternehmensweite aber auch unternehmensübergreifende Einbindung von Beschäftigten und Kooperationspartnern ermöglicht. Infolgedessen steht die inhaltliche Zusammenarbeit und der gegenseitige fachliche Austausch im Mittelpunkt (Lindermeir, 2016; Microsoft, 2021a). Die Software schafft somit ideale Bedingungen für die schnelle Vernetzung beteiligter Personen (Lestari, 2015).

3.2 Potenzialevaluation

Für die Bestimmung von relevanten Ergebnissen ist die systematische Literaturrecherche anzuwenden. Die SLR bzw. Metaanalyse stellt eine gründliche, flächendeckende sowie reproduzierbare Methode zur Abstraktion der Verzerrung bei der Selektion, Identifikation und Beurteilung von prädestinierter Literatur aus mehreren wissenschaftlichen Datenbanken dar (Cook, 1997; Munn et al., 2018; Riley et al., 2019). Eine solche Vorgehensweise ermöglicht die Bereitstellung eines umfassenden Resümees des vorhandenen Wissensstandes zur Beantwortung von spezifischen Fragestellungen (Koutsos, Menexes & Dordas, 2019). Das übergeordnete Ziel besteht in der detaillierten Darstellung des gesamten Erhebungsprozesses, wodurch dieser für Validierungszwecke wiederholt und bei Bedarf ergänzt bzw. modifiziert werden kann (Kitchenham, 2004). Dadurch lässt sich im Gegensatz zu traditionellen, narrativen Review-Methoden das Risiko einer subjektiven und rudimentären Selektion vermeiden (Cochrane, 2019). Ein Verfahren bildet dabei die sogenannte Prisma-Methode, womit eine evidenzbasierte Vorgehensweise zur Durchführung fundierter Berichtserstattung beschrieben wird (Moher et al., 2009). Im Kontext der Arbeit ist auf eine Erweiterung der grundlegenden Schritte zurückzugreifen. Die Verwendung dieses flexiblen sowie intuitiven Modells basiert auf insgesamt sechs Phasen, welche in Abbildung 3 dargestellt sind (Koutsos et al., 2019).

Abbildung 3: Prozessmodell - Systematic Literature Review (SLR)

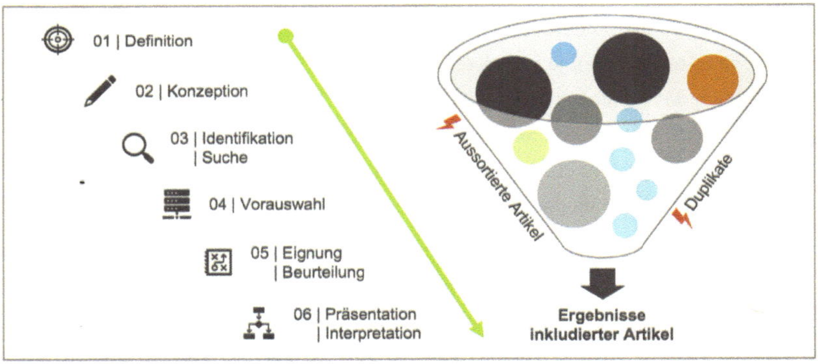

Quelle: eigene Darstellung in Anlehnung an Koutsos et al., 2019

In den weiteren Abschnitten der Ausarbeitung werden die zentralen Aspekte der Realisierung dargestellt. Mithilfe der selektierten Literatur ist zu ermitteln, welche wesentlichen Vorteile durch Computer Supported Cooperative Work für Open Innovation Prozesse entstehen. Auf die relevanten Ergebnisse zur Beantwortung der Forschungsfrage wird im Kapitel 3.2.2 genauer eingegangen.

3.2.1 Durchführung

Da das Ziel der SLR bereits im Vorfeld ermittelt wurde, beinhaltet dieser Abschnitt lediglich die Prozessphasen zwei bis fünf. Die einzelnen Konzeptionsschritte modellieren das Grundgerüst der späteren Literaturrecherche. Anhand einer sequenziellen Vorgehensweise kann abschließend die fundierte Ergebnisdarstellung stattfinden.

3.2.1.1 Planung

Bei der Planung erfolgt zunächst eine Auswahl von relevanten Schlüsselbegriffen, welche im Zusammenhang mit dem untersuchten Themengebiet stehen. Zur finalen Festlegung der Suchtermini wurden primär die in den theoretischen Grundlagen identifizierten Begriffe und Synonyme herangezogen. Darüber hinaus erfolgte analog hierzu eine Übersetzung der englischen Wörter ins Deutsche. Danach muss der zielgerichtete Einsatz von booleschen Operatoren stattfinden. Der Prozessschritt ist für die nachfolgende Suche von entscheidender Bedeutung. Auf dieser Basis wird die Anzahl an zulässigen Artikel in Verbindung mit den definierten Begriffen begrenzt. Durch die Kombination mittels „AND" und „OR" entstehen die beiden abgebildeten Terme (Tabelle 1).

Tabelle 1: Suchtermini inkl. Operatoren

Schlüsselbegriffe inkl. boolescher Operatoren		
Open Innovation	AND	Computer Supported Cooperative Work OR Groupware
Offene Innovation	AND	Computerunterstützte Gruppenarbeit OR Gruppen-Software

Quelle: eigene Darstellung

Bevor eine Selektion der verwendeten Datenbanken erfolgt, müssen zunächst Ein- und Ausschlusskriterien definiert werden. Hierfür sind Merkmale, wie z. B. Sprache, Dokumententyp oder Erscheinungszeitraum einzuschränken. Die wesentlichen Merkmalseigenschaften dieser Literaturrecherche sind der folgenden Tabelle zu entnehmen.

Tabelle 2: Bestimmung der Charakteristika

Merkmalseigenschaften		
Kategorie	Einschlusskriterien	Ausschlusskriterien
Sprache	Deutsch, Englisch	sonstige Sprachen
Dokumententyp	Artikel in Fachzeitschriften	diverse Publikationen
Publikationszeitraum	2011 - 2021	Veröffentlichungen vor 2011
Verfügbarkeit (Artikel)	Volltext abrufbar	Zugriff nur auf Titel/Abstract
Thematische Relevanz	Aus dem Titel/Abstract geht die thematische Relevanz eindeutig hervor.	Aus dem Titel/Abstract geht die thematische Relevanz **nicht** eindeutig hervor.

Quelle: eigene Darstellung

3.2.1.2 Recherche

Die dritte Phase des Prozessmodells inkludiert eine Durchsuchung von verschiedenen Datenbaken anhand der kontextbezogenen Suchtermini in Kombination mit den beiden festgelegten Suchtermen. Insgesamt sind drei wissenschaftliche Literaturverzeichnisse ausgewertet worden. Die Menge an Publikationen lässt sich wie folgt darstellen.

- SpringerLink   (n = 56)
- ScienceDirekt   (n = 13)
- Web of Science   (n = 74)

3.2.1.3 Vorselektion

In Verbindung mit der Vorauswahl findet zunächst eine generelle Verwaltung der aus der SLR resultierenden Artikel statt. Zu diesem Zweck werden die Zitationen der Veröffentlichungen aus den unterschiedlichen Datenbanken in das Literaturverwaltungsprogramm Zotero exportiert. Auf diese Weise lassen sich in einem weiteren Schritt sämtliche Eintragungsdubletten entfernen. Die anfängliche Anzahl an Publikationen (n = 143) konnte insgesamt auf (n = 132) komprimiert werden. Eine Liste der identifizierten Literatur ist zur besseren Übersicht im Anhang 1 beigefügt.

3.2.1.4 Einschätzung

Im Rahmen dieser Phase wird eine abschließende Beurteilung hinsichtlich der thematischen Relevanz in Bezug auf die Fragestellung vorgenommen. Hierfür sind die vorliegenden Artikel (n = 132) einer genaueren Betrachtung zu unterziehen. Eine Grundlage bildet dabei die Analyse des Titels und des Abstracts der einzelnen Veröffentlichungen. Dadurch kann eine erste Einschätzung erfolgen, inwiefern die Dokumente für eine Potenzialevaluation von Bedeutung sind. Anschließend wird auf Basis dieser Klassifikation eine weiterführende Untersuchung von entsprechenden Artikeln vorgenommen. Abschließend sind lediglich wenige Beiträge (n = 7) als relevant einzustufen. Unabhängig von der durchgeführten SLR sind zwei weitere Titel herangezogen worden. Eine Auflistung der jeweiligen Publikationen kann im Anhang 2 eingesehen werden.

3.2.2 Ergebnisdarstellung

Die Analyse verdeutlicht, dass der Einsatz von Groupware im Bereich von Open Innovation Prozessen unerlässlich ist. Aufgrund der voranschreitenden Digitalisierung werden bei Unternehmen bereits unterschiedliche Informations- und Kommunikationstechniken angewendet. Eine intentionale Adaption von CSCW-Technologien ermöglicht die bestmögliche Ausschöpfung der damit einhergehenden Potenziale. Im Folgenden sind die identifizierten Vorteile zusammengefasst dargestellt.

Das übergeordnete Potenzial liegt in der einfachen Verbindung einer großen Anzahl an beteiligten Personen und der generellen Optimierung der Kommunikation. Anhand von standardisierten Interaktionsplattformen zum Wissensaustausch erfolgt die Strukturierung von interdisziplinären Kooperationen. Dadurch können zahlreiche Perspektiven in einen übergreifenden Innovationsprozess miteingebunden werden. Die relevanten Dateien lassen sich aufgrund des integrierten Dokumentenmanagements einheitlich systematisieren. Darüber hinaus erfolgt durch die jederzeitige Verfügbarkeit von elementaren Informationen eine Überwindung der Standortbarrieren und Zeitzonen, wodurch die asynchrone Zusammenarbeit gefördert wird (Adamides & Karacapilidis, 2020; Alvertis et al., 2016; Li & Li, 2014; Niu et al., 2019; Yenicioglu & Suerdem, 2015).

Ein weiterer elementarer Punkt inkludiert eine Verbesserung der Entwicklungsleistung und -qualität. Die Erhöhung der Analysegenauigkeit relevanter Daten führt zur Steigerung des strategischen Fits bzw. Neuheitsgrades. CSCW unterstützt die Mitwirkenden innerhalb des Prozesses bei der Ideenfindung, wodurch wiederum neue Gruppeneffekte entstehen können. Im Kontext der gemeinsamen Wissensgenerierung wird die Kreativität der Beteiligten erhöht und eine Demokratisierung der vorhandenen Wissensbestände vorangetrieben. Des Weiteren kann durch die entstehende Ressourcenflexibilisierung und die Adaption von fehlenden Kompetenzen die Innovationsleistung zusätzlich gesteigert werden (Alcoforado et al., 2019; Han et al., 2020; Kaplan & Haenlein, 2011; Li & Li, 2014; Niu et al., 2019).

Mithilfe der innovativen Groupware-Systeme erfolgt eine Reduzierung der Innovations- und Prozesskosten. Effiziente Schnittstellen bei der unternehmens- und bereichsübergreifenden Zusammenarbeit ermöglichen die Dezimierung der Entwicklungskosten. Die damit einhergehende Förderung der wissensgesteuerten Unternehmenskultur dient der nachhaltigen Produktentwicklung sowie -gestaltung, wodurch eine kontinuierliche Einsparung bei den Prozessausgaben erzielt wird. Als Ergebnis entsteht eine umfassende Erhöhung des Effizienzniveaus, womit sämtliche Kostenstrukturen und Aufwandsarten innerhalb von Innovationsvorgängen positiv beeinflusst werden (Adamides & Karacapilidis, 2020; Kaplan & Haenlein, 2011; Li & Li, 2014; Lindermeir, 2016).

Abschließend soll als letztes Potenzial die signifikante Verkürzung der Innovationszeiten genannt werden. Einen entscheidenden Beitrag dazu liefert die bereits beschriebene Möglichkeit der asynchronen Zusammenarbeit. Durch das orts- und zeitunabhängige Arbeiten können relevante Innovationsentscheidungen und die Konsensfindung der Beschäftigten beschleunigt werden. Computer Supported Cooperative Work ermöglicht darüber hinaus die Steigerung der Geschwindigkeit von Prozessaktivitäten, was wiederum eine Reduzierung von Forschungs- und Entwicklungszeiten impliziert (Alcoforado et al., 2019; Alvertis et al., 2016; Lindermeir, 2016; Yenicioglu & Suerdem, 2015).

4 Fazit

Die kürzeren Produktlebenszyklen und der steigende Wettbewerbs- und Innovationsdruck führen dazu, dass Unternehmen moderne Methoden zur Erhöhung des Entwicklungspotenzials implementieren müssen. Das übergeordnete Ziel der anzufertigenden Arbeit war es, zu evaluieren, inwieweit die Anwendung von CSCW einen Mehrwert bei der Initialisierung von OI-Prozessen bietet. Abschließend werden die wichtigsten Aussagen der Hausarbeit in komprimierter Form zusammengefasst und reflektiert.

Eine vorangestellte Definition der theoretischen Grundlagen zeigt, dass zukünftig dem Themenkomplex Computer Supported Cooperative Work eine große Bedeutung innerhalb von Organisationen zuzuschreiben ist. Das Akronym repräsentiert ein interdisziplinäres Forschungsgebiet und umfasst generell die Anwendung von neuartigen Techniken zur Unterstützung einer personenübergreifenden Zusammenarbeit. Innerhalb von CSCW beschreibt der Terminus Groupware die adäquaten Technologien und die daraus resultierenden technischen, computerbasierten Systeme bzw. Konzeptionen, welche Individuen in ihrem Aufgabengebiet unterstützen und die Schnittstelle für eine geteilte Arbeitsumgebung bieten.

Zur Steigerung des Innovationspotenzials und zur Bewältigung der genannten Problematiken greifen Institutionen vermehrt auf die aktive und strategische Öffnung des Ideationsprozesses zurück. Diese Vorgehensweise bei Forschungs- und Entwicklungstätigkeiten stellt einen neuen Imperativ der Wertschöpfung dar und schafft einen Kontrast zur geschlossenen Vorgehensweise. Der Begriff Open Innovation dient als Oberbegriff für anspruchsvolle sowie kollaborative Innovationsprozesse aller Art. Aufgrund der voranschreitenden Digitalisierung beschäftigen sich Institutionen zunehmend mit innovativen Formen der interdisziplinären Kommunikation. Diese Entwicklung stellt einen der Gründe dar, weshalb CSCW als Enabler intentionaler Open Innovation Prozesse angesehen wird. Bei den Forschungs- und Entwicklungsaktivitäten spielen vorrangig drei Anwendungsbereiche eine entscheidende Rolle. Hierzu zählen direkte Kollaborationsplattformen, Softwareanwendungen zur Unterstützung des Mobile Working und soziale Medien zur Intensivierung der Kommunikation.

Die Durchführung der systematische Literaturrecherche zeigt, dass die Potenziale von CSCW in Open Innovation Prozessen primär in der einfachen Verbindung einer großen Anzahl an Individuen und der generellen Optimierung der Kommunikation liegen. Darüber hinaus kann die Verbesserung der Innovationsleistung und -qualität erreicht werden. Die Reduzierung der Entwicklungs- und Prozesskosten und eine signifikante Verkürzung der Innovationszeiten liefern ebenfalls einen wichtigen Beitrag. Durch die aufgeführten Punkte wird ersichtlich, dass CSCW einen großen Anteil zur Steigerung der Wettbewerbsfähigkeit und zu den unternehmerischen Zielstellungen beiträgt.

5 Literaturverzeichnis

Ackerman, M., Dachtera, J., Pipek, V. & Wulf, V. (2013). Sharing Knowledge and Expertise: The CSCW View of Knowledge Management. *Computer Supported Cooperative Work (CSCW)*, 22 (4–6), 531–573. doi: 10.1007/s10606-013-9192-8

Adamides, E. & Karacapilidis, N. (2020). Information technology for supporting the development and maintenance of open innovation capabilities. *Journal of Innovation & Knowledge*, 5 (1), 29–38. doi: 10.1016/j.jik.2018.07.001

Alcoforado, E., Alcoforado, D., Santos, J. & Schon, M. (2019). Knowledge Management through Groupware Technology. *Journal of Scientific & Industrial Research*, 78 (6), 354–357. New Delhi: Natl Inst Science Communication-Niscair.

Alvertis, I., Koussouris, S., Papaspyros, D., Arvanitakis, E., Mouzakitis, S., Franken, S. (2016). User Involvement in Software Development Processes. In Jeffery, K., Schubert, L., Andronikou, V., Karanastasis, E. & Horn, G. (Hrsg.), *2nd International Conference on Cloud Forward: From Distributed to Complete Computing* (Band 97, S. 73–83). Amsterdam: Elsevier Science Bv. doi: 10.1016/j.procs.2016.08.282

Andriessen, E. (2012). *Working with Groupware: Understanding and Evaluating Collaboration Technology*. London: Springer Science & Business Media.

Bächle, M. (2009). Web 2.0 viel mehr als ein Hype. *Wirtschaftsinformatik und Management, 1* (1), 14–18. Springer.

Borghoff, U. & Schlichter, J. (1999). *Rechnergestützte Gruppenarbeit Eine Einführung in verteilte Anwendungen*. Berlin: Springer. Verfügbar unter: http://www.vlebooks. com/vleweb/product/openreader?id=none&isbn=9783642588372 (2.6.2021).

Borghoff, U. & Schlichter, J. (2010). *Computer-supported cooperative work: introduction to distributed applications*. Berlin Heidelberg: Springer.

Bullinger, H., Auernhammer, K. & Gomeringer, A. (2004). Managing innovation networks in the knowledge-driven economy. *International Journal of Production Research, 42* (17), 3337–3353. doi: 10.1080/00207540410001695970

Chesbrough, H. (2006). *Open business models: How to thrive in the new innovation landscape*. Boston, Mass: Harvard Business School Press.

Chesbrough, H. (2003a). *Open Innovation: The New Imperative for Creating and Profiting from Technology*. Boston: Harvard Business Press.

Chesbrough, H. (2003b). The Era of Open Innovation. *MIT Sloan Management Review, Vol. 44* (Nr. 3), 35–41.

Cochrane. (2019). *Cochrane Handbook for Systematic Reviews of Interventions* (Second edition). Hoboken: John Wiley & Sons Ltd.

Cook, D. (1997). Systematic Reviews: Synthesis of Best Evidence for Clinical Decisions. *Annals of Internal Medicine, 126* (5), 376. doi: 10.7326/0003-4819-126-5-199703010-00006

Dahlander, L. & Gann, D. (2010). How open is innovation? *Research Policy, 39* (6), 699–709. doi: 10.1016/j.respol.2010.01.013

Denner, J. (2011). *Funktionale Konzepte und Anwendungsfelder für die tägliche digitale Zusammenarbeit am Beispiel von Teams in jungen und innovativen Unternehmen.* Karlsruhe: Karlsruher Institut für Technologie.

Dix, A., Finlay, J., Abowd, G. & Beale, R. (2004). *Human-Computer Interaction* (3. Auflage). New York: Prentice Hall.

Drews, P., Schomborg, T. & Leue-Bensch, C. (2017). Gamification und Crowdfunding im Innovationsmanagement – Entwicklung und Einführung einer SharePoint-basier-ten Anwendung. In Strahringer, S. & Leyh, C. (Hrsg.), *Gamification und Serious Games* (S. 69–81). Wiesbaden: Springer Fachmedien Wiesbaden. doi: 10.1007/978 -3-658-16742-4_6

Ellis, C., Gibbs, S. & Rein, G. (1991). Groupware: some issues and experiences. *Communications of the ACM, 34* (1), 39–58. doi: 10.1145/99977.99987

Enkel, E. & Gassmann, O. (2009). Neue Ideenquellen erschließen - Die Chancen von Open Innovation. *Marketing Review St. Gallen, 26* (2), 6–11. Springer.

Enkel, E., Gassmann, O. & Chesbrough, H. (2009). Open R&D and open innovation: exploring the phenomenon. *R&D Management, 39* (4), 311–316. doi: 10.1111/j.1467 - 9310.2009.00570.x

Eppinger, E. (2012). IP- und Patentmanagement in Open Innovation: Potenziale und Barrieren. In Braun, A., Eppinger, E., Vladova, G. & Adelhelm, S. (Hrsg.), *Open Innovation in Life Sciences* (S. 83–98). Wiesbaden: Gabler Verlag. doi: 10.1007/978-3-8349-7105-0_5

Gallouj, F. & Djellal, F. (2017). Open Innovation. In Richardson, D., Castree, N., Goodchild, M., Kobayashi, A., Liu, W. & Marston, R. (Hrsg.), *International Encyclopedia of Geography: People, the Earth, Environment and Technology* (S. 1–8). Oxford, UK: John Wiley & Sons, Ltd. doi: 10.1002/9781118786352.wbieg0528

Gassmann, O. (2006). Opening up the innovation process: towards an agenda. *R&D Management, 36* (3), 223–228. Wiley-Blackwell.

Gassmann, O. & Enkel, E. (2004). Towards a Theory of Open Innovation: Three Core Process Archetypes. *R&D Management Conference (RADMA)*, 18.

Gassmann, O. & Sutter, P. (2008). *Praxiswissen Innovationsmanagement: Von der Idee zum Markterfolg*. München: Hanser.

Greif, I. (1988). *Computer-Supported Cooperative Work: A Book of Readings*. San Mateo, Calif: Morgan Kaufmann.

Gross, T. & Koch, M. (2007). *Computer-Supported Cooperative Work*. München: Oldenbourg.

Grudin, J. (1994). Computer-supported cooperative work: History and focus. *Computer, 27* (5), 19–26. IEEE.

Häckelmann, H., Petzold, H. & Strahringer, S. (2000). Workgroup Computing. *Kommunikationssysteme: Technik und Anwendungen* (S. 479–492). Berlin: Springer.

Han, J., Park, D., Forbes, H. & Schaefer, D. (2020). A computational approach for using social networking platforms to support creative idea generation. *Procedia CIRP, 91*, 382–387. doi: 10.1016/j.procir.2020.02.190

Hauschildt, J., Salomo, S., Schultz, C. & Kock, A. (2016). *Innovationsmanagement* (6. Auflage). München: Verlag Franz Vahlen.

Hiti, C., Chang, J., Gwal, K., Escobedo, E., Rea, M. & Bindra, J. (2021). The New Normal: Coronavirus Pandemic Response Utilizing Microsoft SharePoint. *Journal of Digital Imaging*. doi: 10.1007/s10278-021-00419-4

Höfferer, M. & Sandriester, B. (2009). Von der Zusammenarbeit im zweiten und der Collaboration im ersten Leben. *HMD Praxis der Wirtschaftsinformatik, 46* (3), 4–5. doi: 10.1007/BF03340357

Houy, C., Fettke, P. & Loos, P. (2010). *Einsatzpotentiale von Enterprise-2.0-Anwen-dungen: Darstellung des State-of-the-Art auf Basis eines Literaturreviews*. Saarbrücken: Institut für Wirtschaftsinformatik im Dt. Forschungszentrum für Künstliche Intelligenz. doi: 10.22028/D291-23310

HYVE. (2021). Ideen- & Innovationsmanagement Software. *HYVE*. Verfügbar unter: https://www.hyve.net/de/innovation-management-software/ (14.6.2021).

Johansen, R. (1991). Teams for tomorrow (groupware). *Proceedings of the Twenty-Fourth Annual Hawaii International Conference on System Sciences* (S. 521–534). USA: IEEE Comput. Soc. Press. doi: 10.1109/HICSS.1991.184183

Kaplan, A. & Haenlein, M. (2011). Users of the world, unite! The challenges and opportunities of social media. *Business Horizons, 53* (1), 59–68. doi: 10.1016/j.bushor. 2009.09.003

Kitchenham, B. (2004). Procedures for Performing Systematic Reviews. *Keele, UK, Keele Univ., 33*.

Koch, M., Schwabe, G. & Briggs, R. (2015). CSCW and Social Computing: The Past and the Future. *Business & Information Systems Engineering, 57* (3), 149–153. doi: 10.1007/s12599-015-0376-2

Koutsos, T., Menexes, G. & Dordas, C. (2019). An efficient framework for conducting systematic literature reviews in agricultural sciences. *Science of The Total Environment, 682,* 106–117. doi: 10.1016/j.scitotenv.2019.04.354

Krcmar, H. (1993). Computerunterstützung für die Gruppenarbeit - Computer Aided Team (CATeam). In Kurbel, K. (Hrsg.), *Wirtschaftsinformatik '93* (S. 423–435). Heidelberg: Physica-Verlag HD. doi: 10.1007/978-3-642-52400-4_31

Kreutzer, R., Neugebauer, T. & Pattloch, A. (2017). *Digital Business Leadership: Digitale Transformation - Geschäftsmodell-Innovation - agile Organisation - Change-Management.* Wiesbaden: Springer Gabler.

Lackes, R. & Siepermann, M. (2018). Computer Supported Cooperative Work. Springer Fachmedien Wiesbaden GmbH. Verfügbar unter: https://wirtschaftslexikon.gab ler.de/definition/computer-supported-cooperative-work-27279/version-250937 (1.6.2021).

Laursen, K. & Salter, A. (2006). Open for innovation: the role of openness in explaining innovation performance among U.K. manufacturing firms. *Strategic Management Journal, 27* (2), 131–150. doi: https://doi.org/10.1002/smj.507

Leimeister, J. (2014). *Collaboration Engineering: IT-gestützte Zusammenarbeitsprozesse systematisch entwickeln und durchführen.* Berlin: Springer Gabler.

Lestari, E. (2015). The Role of Virtual Collaboration and Social Capital in the Development of New Products (Case Study: Use of Yammer in XYZ Company). *Asia Pacific Management and Business Application, 4* (2), 61–85. doi: 10.21776/ub.apmba.2015 .004.02.3

Li, S. & Li, J. (2014). Linking Social Media with Open Innovation: An Intelligent Model. *7th International Conference on Intelligent Computation Technology and Automation* (S. 331–335). 7th International Conference on Intelligent Computation Technology and Automation (ICICTA), Changsha, China: IEEE. doi: 10.1109/ICICTA.2014.87

Lindermeir, A. (2016). Digitalisierung des Innovationsmanagements: Über Chancen und Herausforderungen von IT-Maßnahmen in Innovation Communities. *HMD Praxis der Wirtschaftsinformatik, 53* (4), 543–554. doi: 10.1365/s40702-016-0228-7

Lynch, K., Snyder, J., Vogel, D. & McHenry, W. (1990). The Arizona Analyst Information System: supporting collaborative research on international technological trends. *Proceedings of the IFIP WG 8.4 confernece on Multi-user interfaces and applications* (S. 159–174). USA: Elsevier North-Holland, Inc.

Malone, T. & Crowston, K. (2003). *Toward an interdisciplinary theory of coordination*. No. 120. *Working papers*. Cambridge: Massachusetts Institute of Technology (MIT), Sloan School of Management. Verfügbar unter: https://ideas.repec.org/p/mit/sloanp/ 2356.html (1.6.2021).

Markgraf, D. (2018). *Definition: Open Innovation*. Springer Fachmedien Wiesbaden GmbH. Verfügbar unter: https://wirtschaftslexikon.gabler.de/definition/open-inno vation-51786/version-274937 (7.6.2021).

Mayer-Patel, K. (2018). MediaSynch Issues for Computer-Supported Cooperative Work. In Montagud, M., Cesar, P., Boronat, F. & Jansen, J. (Hrsg.), *MediaSync* (S. 191–208). Cham: Springer International Publishing. doi: 10.1007/978-3-319-65840-7_7

Microsoft. (2021a). Microsoft Yammer | Yammer-App für PC/Mac und iOS/Android holen. Verfügbar unter: https://www.microsoft.com/de-de/microsoft-365/yammer/yamm er-overview (14.6.2021).

Microsoft. (2021b). SharePoint – Mobiles Intranet für die Zusammenarbeit im Team. Verfügbar unter: https://www.microsoft.com/de-de/microsoft-365/sharepoint/collabor ation (14.6.2021).

Moher, D., Liberati, A., Tetzlaff, J. & Altman, D. (2009). Preferred Reporting Items for Systematic Reviews and Meta-Analyses: The PRISMA Statement. *PLoS Medicine, 6* (7), e1000097. doi: 10.1371/journal.pmed.1000097

Möslein, K. & Neyer, A. (2009). Open Innovation. In Zerfaß, A. & Möslein, K. (Hrsg.), *Kommunikation als Erfolgsfaktor im Innovationsmanagement* (S. 85–103). Wiesbaden: Gabler. doi: 10.1007/978-3-8349-8242-1_4

Munn, Z., Stern, C., Aromataris, E., Lockwood, C. & Jordan, Z. (2018). What kind of systematic review should I conduct? A proposed typology and guidance for systematic reviewers in the medical and health sciences. *BMC Medical Research Methodology, 18* (1), 5. doi: 10.1186/s12874-017-0468-4

Nastansky, L. (1993). *Workgroup Computing: computergestützte Teamarbeit (CSCW) in der Praxis: Neue Entwicklungen und Trends*. Hamburg: S + W Steuer- und Wirtschaftsverlag.

Newell, S., Robertson, M., Scarbrough, H. & Swan, J. (2009). *Managing knowledge work and innovation* (2. Auflage). Basingstoke: Palgrave Macmillan.

Niu, X., Qin, S., Vines, J., Wong, R. & Lu, H. (2019). Key Crowdsourcing Technologies for Product Design and Development. *International Journal of Automation and Computing, 16* (1), 1–15. doi: 10.1007/s11633-018-1138-7

Pohl, A. & Engel, B. (2020). Open Innovation. In Kollmann, T. (Hrsg.), *Handbuch Digitale Wirtschaft* (S. 933–958). Wiesbaden: Springer Fachmedien Wiesbaden. doi: 10.1007/978-3-

Reichwald, R. & Piller, F. (2009). *Interaktive Wertschöpfung: Open Innovation, Individualisierung und neue Formen der Arbeitsteilung.* Wiesbaden: Gabler.

Richter, A. (2010). Mensch und Computer. *Der Einsatz von Social Networking Services in Unternehmen* (S. 13–58). Wiesbaden: Gabler. doi: 10.1007/978-3-8349-6027-6_2

Riley, R., Moons, K., Snell, K., Ensor, J., Hooft, L., Altman, D. (2019). A guide to systematic review and meta-analysis of prognostic factor studies. *BMJ, 364*, k4597. British Medical Journal Publishing Group. doi: 10.1136/bmj.k4597

Rüdebusch, T. (1993). Computer-Supported Cooperative Work (CSCW). *CSCW* (S. 5–38). Wiesbaden: Deutscher Universitätsverlag. doi: 10.1007/978-3-322-87883-0_2

Schmäh, M., Meyer-Gossner, M., Schilling, P. & Gruhn, S. (2016). Einsatz als strategisches Verkaufstool. *Sales Management Review, 25* (1). doi: 10.1007/s35141-016-0004-x

Schmidt, K. (2016). Computer-Supported Cooperative Work (CSCW). Copenhagen: International Encyclopedia of Communication Theory and Philosophy. doi: 10.1002/9781118766804.wbiect144

Schmidt, K. & Bannon, L. (1992). Taking CSCW seriously: Supporting articulation work. *Computer Supported Cooperative Work (CSCW), 1* (1–2), 7–40. doi: 10.1007/ BF00752449

Teufel, S., Sauter, C., Mühlherr, T. & Bauknecht, K. (1995). *Computerunterstützung für die Gruppenarbeit.* Bonn: Addison-Wesley.

Wallace, J., Oji, S. & Anslow, C. (2017). Technologies, Methods, and Values: Changes in Empirical Research at CSCW 1990 - 2015. *Proceedings of the ACM on Human-Computer Interaction, 1* (CSCW), 1–18. doi: 10.1145/3134741

Wendel, T. (1996). *Computerunterstützte Teamarbeit: Konzeption und Realisierung eines Teamarbeitssystems.* Wiesbaden: Dt. Univ.-Verl.

Wilson, P. (2018). Introducing CSCW - What It Is and Why We Need It. In Scrivener, S. (Hrsg.), *Computer-Supported Cooperative Work* (S. 1–18). Milton: Routledge. Verfügbar unter: https://public.ebookcentral.proquest.com/choice/publicfullrecord.aspx?   p=5784439 (2.6.2021).

Yenicioglu, B. & Suerdem, A. (2015). Participatory New Product Development - A Framework for Deliberately Collaborative and Continuous Innovation Design. *Procedia - Social and Behavioral Sciences, 195*, 1443–1452. doi: 10.1016/j.sbspro. 2015.06.442

Žižlavský, O. (2013). Past, Present and Future of the Innovation Process. *International Journal of Engineering Business Management, 5*, 47. doi: 10.5772/56920

Anhangsverzeichnis

Anhang 1: Literaturliste (ohne Dubletten)

Lfd.-Nr.	Autor	Jahr	Titel
1	Abascal-Mena, Rocío; López-Ornelas, Erick; Zepeda-Hernández, J. Sergio; Gómez-Torrero, Bárbara E.; León-Martagón, Gilberto; Morales-Franco, Héctor	2014	Worker-Community: Using Crowdsourcing to Link Informal Workers with Potential Clients
2	Abel, Edje E.; Latiff, Muhammad Shafie Abd	2021	The utilization of algorithms for cloud internet of things application domains: a review
3	Adamides, Emmanuel; Karacapilidis, Nikos	2020	Information technology for supporting the development and maintenance of open innovation capabilities
4	Adamu, Zulfikar A.; Emmitt, Stephen; Soetanto, Robby	2015	Social Bim: Co-Creation with Shared Situational Awareness
5	Akatsu, Shinji; Fujita, Yoshikatu; Kato, Takumi; Tsuda, Kazuhiko	2018	Structured analysis of the evaluation process for adopting open-source software
6	Alcoforado, Elídomar; Alcoforado, Daniela; Santos, Jose Antonio C.; Schon, Michael	2019	Knowledge Management through Groupware Technology
7	Alvarez, Claudio; Zurita, Gustavo; Baloian, Nelson	2021	Applying the concept of implicit HCI to a groupware environment for teaching ethics
8	Alvertis, Iosif; Koussouris, Sotiris; Papaspyros, Dimitris; Arvanitakis, Evangelos; Mouzakitis, Spiros; Franken, Sebastian; Kolvenbach, Sabine; Prinz, Wolgang	2016	User Involvement in Software Development Processes
9	Andrés, Beatriz; Poler, Raúl	2012	A Roadmap Focused on SMEs Decided to Participate in Collaborative Non-Hierarchical Networks
10	Appio, Francesco P.; Cimino, Mario G. C. A.; Lazzeri, Alessandro; Martini, Antonella; Vaglini, Gigliola	2018	Fostering distributed business logic in Open Collaborative Networks: an integrated approach based on semantic and swarm coordination
11	Avram, Gabriela	2019	This Is Our City! Urban Communities Re-appropriating Their City
12	Blincoe, Kelly; Dehghan, Ali; Salaou, Abdoul-Djawadou; Neal, Adam; Linaker, Johan; Damian, Daniela	2019	High-level software requirements and iteration changes: a predictive model
13	Borchmann, Linda; Kuhnhen, Christopher; Frohn, Peter; Engel, Bernd	2019	Sensitivity analysis of the rotary draw bending process as a database of digital equipping support
14	Brooks, Anthony L.; Brooks, EvaPetersson	2014	Towards an Inclusive Virtual Dressing Room for Wheelchair-Bound Customers
15	Camarinha-Matos, Luis M.; Afsarmanesh, Hamideh; Koelmel, Bernhard	2011	Collaborative Networks in Support of Service-Enhanced Products
16	Castela, Nuno; Dias, Paulo; Zacarias, Marielba; Tribolet, Jose M.	2014	Collaborative Method to Maintain Business Process Models Updated
17	Chang, Chia-Jung; Liu, Chen-Chung; Shen, Yan-Jhih	2012	Are One-to-One Computers Necessary? An Analysis of Collaborative Web Exploration Activities Supported by Shared Displays
18	Chen, Hsing Hung; Kang, He-Yau; Lee, Amy H. I.	2017	A Project Management Plan to Reach Sustainable Competitive Advantage for a Photovoltaic (PV) Manufacturer
19	Chen, T.; Lai, W. J.; Lrzan, H. C.; Chency, J.	2018	Antecedents of Networked Privacy and Access Technologies in Social Network Media: An Empirical Study of Users' Perceptions and Their Online Marketing Implications
20	Conruyt, Noël; Sébastien, Véronique; Sébastien, Olivier; Sébastien, Didier; Grosser, David	2016	From Knowledge to Sign Management: A Co-design Methodology for Biodiversity and Music Enhancement

#	Authors	Year	Title
21	Costa-Pinel, Bernardo; Mestre-Miravet, Santiago; Barrio-Torrell, Francisco; Cabre-Vila, Joan-Josep; Cos-Claramunt, Xavier; Aguilar-Sanz, Sofia; Sole-Brichs, Claustre; Castell-Abat, Conxa;	2018	Implementation of the DP-TRANSFERS project in Catalonia: A translational method to improve diabetes screening and prevention in primary care
22	Costa, Bernardo; Castell, Conxa; Cos, Xavier; Sole, Claustre; Mestre, Santiago; Canela, Marta; Boquet, Antoni; Cabre, Joan-Josep; Barrio, Francisco; Flores-Mateo, Gemma;	2016	Rationale and design of the DP-TRANSFERS project: diabetes prevention-transferring findings from European research to society in Catalonia
23	Cruz, Armando; Morgado, Leonel; Paredes, Hugo; Fonseca, Benjamim; Martins, Paulo	2015	Fitting Three Dimensional Virtual Worlds into CSCW
24	Cui, Tingru; Tong, Yu; Teo, Hock Hai	2014	Search in Open Innovation: How Does It Evolve with the Facilitation of Information Technology?
25	Cupial, Michal; Szelag-Sikora, Anna; Kubon, Maciej	2018	The Use of Ict in the Didactic Process of Students' Education
26	da Silva, Cintia R. C.; Garcia, Ana Cristina B.	2013	A collaborative working environment for small group meetings in Second Life
27	Dahooei, Jalil Heidary; Zavadskas, Edmundas Kazimieras; Vanaki, Amir Salar; Firoozfar, Hamid Reza; Keshavarz-Ghorabaee, Mehdi	2018	An Evaluation Model of Business Intelligence for Enterprise Systems with New Extension of Co-das (codas-lvif)
28	Dantas, Adriana; Guimaraes, Vinna; Lima, David; Ardaia, Martha; Barreto, Walmerino; Castro, Thais	2015	Interaction Evaluation using the Mac-g in Sloodle
29	Dario Claros, Ivan; Collazos, Cesar A.; Guerrero, Luis A.	2011	Digital Workbook, a Model Supporting Collaboration
30	Dascalu, Maria-Iuliana; Dumitrache, Ana-Maria; Coman, Melania; Moldoveanu, Alin	2015	Group Maker Tool for Software Engineering Projects
31	Doloreux, David; Laperrière, Anika	2014	Internationalisation and innovation in the knowledge-intensive business services
32	Duhan, Punita; Singh, Anurag	2014	Enterprise 2.0: a boon or bane for entrepreneurial and innovative expenditures?
33	Duque, Rafael; Luisa Rodriguez, Maria; Visitacion Hurtado, Maria; Bravo, Crescencio; Rodriguez-Dominguez, Carlos	2012	Integration of collaboration and interaction analysis mechanisms in a concern-based architecture for groupware systems
34	Evans, Richard David; Gao, James Xiaoyu; Martin, Nick; Simmonds, Clive	2014	Using Web 2.0-Based Groupware to facilitate Collaborative Design in Engineering Education Scheme Projects
35	Fatima, Rubia; Yasin, Affan; Liu, Lin; Wang, Jianmin; Afzal, Wasif; Yasin, Atif	2019	Improving software requirements reasoning by novices: a story-based approach
36	Fox, Sarah E.; Khovanskaya, Vera; Crivellaro, Clara; Salehi, Niloufar; Dombrowski, Lynn; Kulkarni, Chinmay; Irani, Lilly; Forlizzi, Jodi	2020	Worker-Centered Design: Expanding HCI Methods for Supporting Labor
37	Gallego, Fernando; Isabel Molina, Ana; Gallardo, Jesus; Bravo, Crescencio	2011	A Conceptual Framework for Modeling Awareness Mechanisms in Collaborative Systems
38	Gao, Liping; Lu, Tun	2011	Achieving Transparent & Real-time Collaboration in Co-AutoCAD Application
39	Gesztan, Dalma; Hamornik, Balazs Peter; Hercegfi, Karoly	2020	Empirical study of Team Usability Testing: a laboratory experiment
40	Geymayer, Thomas; Schmalstieg, Dieter	2016	Collaborative Distributed Cognition Using A Seamless Desktop Infrastructure
41	Gorghiu, Gabriel; Lindfors, Ella; Gorghiu, Laura Monica; Hamalainen, Tiina	2011	Acting as Tutors in the ECSUT On-line Course - How to Promote Interaction in a Computer Supported Collaborative Learning Environment?

42	Grabot, Bernard; Houé, Raymond; Lauroua, Fabien; Mayère, Anne	2013	Introducing "2.0" Functionalities in an ERP
43	Graham, Nicholas; Dubois, Emmanuel; Bortolaso, Christophe; Wolfe, Christopher	2011	Scenarchitectures: The Use of Domain-Specific Architectures to Bridge Design and Implementation
44	Han, Ji; Park, Dongmyung; Forbes, Hannah; Schaefer, Dirk	2020	A computational approach for using social networking platforms to support creative idea generation
45	Hansson, Karin; Ludwig, Thomas; Aitamurto, Tanja	2019	Capitalizing Relationships: Modes of Participation in Crowdsourcing
46	Hansson, Karin; Verhagen, Harko; Karlstrom, Petter; Larsson, Aron	2011	Formalizing informal social behavior
47	Heinemann, Gerrit	2020	Geschäftssysteme und Benchmarks im E-Commerce
48	Heinrich, Matthias; Lehmann, Franz; Grueneberger, Franz Josef; Gaedke, Martin; Springer, Thomas; Schill, Alexander	2014	Enriching single-user web applications non-invasively with shared editing support
49	Herskovic, Valeria; Ochoa, Sergio F.; Pino, Jose A.	2019	Identifying Groupware Requirements in People-Driven Mobile Collaborative Processes
50	Holtgrewe, Ursula	2012	Internetorganisationen
51	Höök, Kristina; Löwgren, Jonas	2021	Characterizing Interaction Design by Its Ideals: A Discipline in Transition
52	Hyland, Lewis; Crabtree, Andy; Fischer, Joel; Colley, James; Fuentes, Carolina	2018	"What do you want for dinner?" – need anticipation and the design of proactive technologies for the home
53	Johannsen, Florian; Schaller, Dorina; Klus, Milan Frederik	2021	Value propositions of chatbots to support innovation management processes
54	Jung, Reinhard; Lehrer, Christiane	2017	Guidelines for Education in Business and Information Systems Engineering at Tertiary Institutions
55	Kim, Daeeop; Lee, Sang-su; Maeng, Seungwoo; Lee, Kun-Pyo	2011	Developing Idea Generation for the Interface Design Process with Mass Collaboration System
56	Koch, Michael; Ott, Florian	2011	CommunityMirrors als Informationsstrahler in Unternehmen
57	Koch, Michael; Schwabe, Gerhard; Briggs, Robert	2014	BISE – Call for Papers Issue 3/2015
58	Köhler, Thomas; Lattemann, Christoph; Neumann, Jörg	2021	Organising Academia Online
59	Kollmann, Tobias	2020	Einführung in die E-Company
60	Kollmann, Tobias	2018	Einführung in die E-Company
61	Kuiter, Elias; Krieter, Sebastian; Krueger, Jacob; Saake, Gunter; Leich, Thomas	2021	varED: an editor for collaborative, real-time feature modeling
62	Lacuesta, Raquel; Gallardo, Jesus; Lloret, Jaime; Palacios, Guillermo	2016	Integration of Data from Vehicular Ad Hoc Networks Using Model-Driven Collaborative Tools
63	Laredj, M. A.; Bouamrane, K.	2011	Workflow Specification for Interaction Management between Experts in a Cooperative Remote Diagnosis Process
64	Legault, Georges A.; Verchère, Céline; Patenaude, Johane	2018	Support for the Development of Technological Innovations: Promoting Responsible Social Uses
65	Li, Bo; Lou, Ruding; Posselt, Javier; Segonds, Frederic; Merienne, Frederic; Kemeny, Andras	2017	Multi-view VR system for co-located multidisciplinary collaboration and its application in ergonomic design

32

66	Li, Bo; Segonds, Frederic; Mateev, Celine; Lou, Ruding; Merienne, Frederic	2018	Design in context of use: An experiment with a multi-view and multi-representation system for collaborative design
67	Li, Guangjun; Luo, Yingjun	2019	Industrial Robots' Application in Processing Production Line of Mechanical Parts
68	Li, Shuliang; Li, Jimzheng	2014	Linking Social Media with Open Innovation: An Intelligent Model
69	Libardo Pantoja, W.; Collazos, Cesar A.; Penichet, Victor M. R.	2013	Collaborative Environment to Support the Software Process Improvement in Small Software Companies
70	Lopez Dominguez, Eduardo; Pomares Hernandez, Saul E.; Rodriguez Gomez, Gustavo; Auxilio Medina, Maria	2013	An Efficient Two-Tier Causal Protocol for Mobile Distributed Systems
71	Ludwig, Thomas; Dax, Julian; Pipek, Volkmar; Randall, Dave	2016	Work or leisure? Designing a user-centered approach for researching activity "in the wild"
72	Luna-Garcia, Huizilopoztli; Mendoza-Gonzalez, Ricardo; Rodriguez-Martinez, Laura-Cecilia; Rodriguez-Diaz, Mario-Alberto; Luna-Rosas, Francisco; Mendoza-Gonzalez, Alfredo	2016	Identification of failures design in platforms groupware by heuristic analysis
73	Ma, Wann-Jiun; Gupta, Vijay; Quevedo, Daniel E.	2017	Collaborative processing in distributed control for resource constrained systems
74	Mahraz, Abdelkader Ould; Bouhalouan, Djamila; Adla, Abdelkader	2016	Facilitating Virtual Group Decision Making
75	Marrinan, Thomas; Forbes, Angus; Renambot, Luc; Jones, Steve; Leigh, Jason; Johnson, Andrew	2016	Synchronized Mixed Presence Data-Conferencing Using Large-Scale Shared Displays
76	Martinez-Maldonado, Roberto; Schneider, Bertrand; Charleer, Sven; Shum, Simon Buckingham; Klerkx, Joris; Duval, Erik	2016	Interactive Surfaces and Learning Analytics: Data, Orchestration Aspects, Pedagogical Uses and Challenges
77	Martinic, Ante; Fertalj, Kresimir; Kalpic, Damir	2012	Integrated Framework for Virtual Team Management
78	Masuda, Ayako; Morimoto, Chikako; Matsuodani, Tohru; Tsuda, Kazuhiko	2016	A Case Study of Team Learning Measurements from Groupware Utilization A Proposal of Measurement Method for the Contribution Ratio of Knowledge
79	Matt, Christian	2012	Groupware
80	Mayer, Martin	2019	Examining Community Dynamics of Civic Crowdfunding Participation
81	Moguel, Patrice; Tchounikine, Pierre; Tricot, Andre	2012	Interfaces Leading Groups of Learners to Make Their Shared Problem-Solving Organization Explicit
82	Molina, Ana I.; Giraldo, William J.; Ortega, Manuel; Redondo, Miguel A.; Collazos, Cesar A.	2014	Model-driven development of interactive groupware systems: Integration into the software development process
83	Morrison-Smith, Sarah; Ruiz, Jaime	2020	Challenges and barriers in virtual teams: a literature review
84	Munemori, Jun; Sakamoto, Hiroki; Itou, Junko	2018	Development of Idea Generation Consistent Support System That Includes Suggestive Functions for Preparing Concreteness of Idea Labels and Island Names
85	Munoz-Alcantara, Jestis; Kreymer, Ruslan; Funk, Mathias; Markopoulos, Panos	2018	Alice: design of a Time-oriented Collaboration Service for Design Teams
86	Mütze-Niewöhner, Susanne; Latniak, Erich; Hardwig, Thomas; Nicklich, Manuel; Hacker, Winfried; Harlacher, Markus; Pietrzyk, Ulrike; Kauffeld, Simone	2021	Projekt- und Teamarbeit in der digitalisierten Arbeitswelt

33

#	Authors	Title	Year
87	Nescher, Thomas; Kunz, Andreas	An interactive whiteboard for immersive telecollaboration	2011
88	Niu, Xiao-Jing; Qin, Sheng-Feng; Vines, John; Wong, Rose; Lu, Hui	Key Crowdsourcing Technologies for Product Design and Development	2019
89	North, Klaus	Wissensmanagement implementieren	2021
90	Oliveira, Ana Inês; Camarinha-Matos, Luis M.	Negotiation Support in Collaborative Services Design	2014
91	Olwal, Alex; Frykholm, Oscar; Groth, Kristina; Moll, Jonas	Design and Evaluation of Interaction Technology for Medical Team Meetings	2011
92	Penela, Victor; Álvaro, Guillermo; Ruiz, Carlos; Córdoba, Carmen; Carbone, Francesco; Castagnone, Michelangelo; Gómez-Pérez, José Manuel; Contreras, Jesus	miKrow: Semantic Intra-enterprise Micro-Knowledge Management System	2011
93	Pfeiffer, Sabine; Schütt, Petra; Wühr, Daniela	Enterprise 2.0 und Engineering 2.0	2012
94	Pichillani, Mauro C.; Hirata, Celso Massaki	Adaptation of Single-user Multi-touch Components to Support Synchronous Mobile Collaboration	2012
95	Pintas, Julliano Trindade; Correia, Luis; Bicharra Garcia, Ana Cristina	Crowd-based Feature Selection for Document Retrieval in Highly Demanding Decision-making Scenarios	2017
96	Poulovassilis, Alex; Xhafa, Fatos; O'Hagan, Thomas	Event-Based Awareness Services for P2P Groupware Systems	2015
97	Rämsch-Günther, Nicole; Stern, Sylvia; Lauer, Wolfgang	Abgrenzung und Klassifizierung von Medical Apps	2018
98	Ricken, Stephen; Barkhuus, Louise; Jones, Quentin	Going Online to Meet Offline: Organizational Practices of Social Activities through Meetup	2017
99	Rump, Jutta; Eilers, Silke	Strategie für die Zukunft – Vom Trendscanning zur strategischen Personalplanung	2020
100	Scheer, August-Wilhelm	Nutzentreiber der Digitalisierung	2016
101	Scheer, August-Wilhelm	Erfolgstreiber digitaler Geschäftsmodelle	2020
102	Scheer, August-Wilhelm	Digitale Branchenkonzepte	2020
103	Seeber, Isabella; Bittner, Eva; Briggs, Robert O.; de Vreede, Triparna; de Vreede, Gert-Jan; Elkins, Aaron; Maier, Ronald; Merz, Alexander B.; Oeste-Reiß, Sarah; Randrup, Nils;	Machines as teammates: A research agenda on AI in team collaboration	2020
104	Seleng, Martin; Dlugolinsky, Stefan; Hluchy, Ladislav; Graether, Wolfgang	Improving Inter-Enterprise Collaboration with Recommendation Tool based on Lightweight Semantics in Emails	2018
105	Sigitov, Anton; Hinkenjann, Andre; Kruijff, Ernst; Staadt, Oliver	Task Dependent Group Coupling and Territorial Behavior on Large Tiled Displays	2019
106	Silvander, Johan; Wnuk, Krzysztof; Svahnberg, Mikael	Systematic literature review on intent-driven systems	2020
107	Smirnova, Tatiana; Akram, Usman; Markovic, Jelena; Mukherjee, Tonima; Ahmad, Imran; Feroz, Abdullah; Mehta, Nikitia; Vahadatii, Sahar; Sirazitdinova, Ekaterina	Light CS Cooperation/Coordination	2012
108	Smith, Fabrizio; Storti, Emanuele; Taglino, Francesco	Towards Semantic Collective Awareness Platforms for Business Innovation	2014
109	Stankovic, Milan; Rowe, Matthew; Laublet, Philippe	Finding Co-solvers on Twitter, with a Little Help from Linked Data	2012

110	Suematsu, Chihiro	2014	Standard as Interface
111	Thuan, Nguyen Hoang; Antunes, Pedro; Johnstone, David	2016	Factors influencing the decision to crowdsource: A systematic literature review
112	Timauca, Cristina; Duque, Rafael; Montana, Jose L.	2017	User Interaction Modeling and Profile Extraction in Interactive Systems: A Groupware Application Case Study
113	Tjombo, Ola	2015	Can Collective Intelligence Produce Social Innovation?
114	Toriumi, Fujio; Yamamoto, Hitoshi; Okada, Isamu	2016	Exploring an Effective Incentive System on a Groupware
115	Tramullas, Jesus; Garrido-Picazo, Piedad; Sanchez-Casabon, Ana-Isabel	2011	Groupware and social software: a framework proposal for analytical evaluation of free software tools
116	Ueki, Yasushi; Tsuji, Masatsugu	2019	The Roles of ICTs in Product Innovation in Southeast Asia
117	Vardaxoglou, Georgios; Baralou, Evangelia	2012	Developing a Platform for Serious Gaming: Open Innovation through Closed Innovation
118	Villalta Paucar, Marco Antonio; Guzman, Angelica; Nussbaum, Miguel	2015	Teaching processes and technology use in the classroom
119	Vivacqua, Adriana S.; Borges, Marcos R. S.	2011	Using Group Storytelling to Recall Information in Emergency Response
120	WaiShiang, C.; Mit, Edwin; Lu, Marlene	2015	An Exploration Study of Rimballmu: A Qualitative Evaluation of Shared Single Display Groupware in Sarawak, Malaysia
121	Walthall, Carolynn J.; Devanathan, Srikanth; Kisselburgh, Lorraine G.; Ramani, Karthik; Hirleman, E. Daniel; Yang, Maria C.	2011	Evaluating Wikis as a Communicative Medium for Collaboration Within Colocated and Distributed Engineering Design Teams
122	Watcharapanyawong, Kornthip; Sirisoponsilp, Sompong; Sophatsathit, Peraphon	2011	A Model of Mass Customization for Engineering Production System Development in Textile and Apparel Industries in Thailand
123	Wiesner, Stefan; Lampathaki, Fenareti; Biliri, Evmorfia; Thoben, Klaus-Dieter	2016	Requirements for Cross-domain Knowledge Sharing in Collaborative Product-Service System Design
124	Xhafa, Fatos; Palou, Daniel; Barolli, Leonard; Takizawa, Makoto	2016	Energy-aware Analysis of Synchronizing a Groupware Calendar
125	Xhafa, Fatos; Palou, Daniel; Caballe, Santi; Barolli, Leonard	2016	On Sharing and Synchronizing Groupware Calendars Under Android Platform
126	Xhafa, Fatos; Potlog, Alina-Diana; Spaho, Evjola; Pop, Florin; Cristea, Valentin; Barolli, Leonard	2015	Evaluation of intra-group optimistic data replication in P2P groupware systems
127	Yenicioglu, Baskin; Suerdem, Ahmet	2015	Participatory New Product Development–A Framework for Deliberately Collaborative and Continuous Innovation Design
128	Zhao, Chen; Zhang, Ruisheng; Yahyapour, Ramin; Hu, Rongjing	2011	A Collaboration Transparence Approach to Share Heterogeneous Single-User Molecule Editors
129	Zheng, Jun; Chen, Ying; Li, Cheng	2012	Based on the Lotus Domino in OA System Security Mechanism Research
130	Zhou, Juan; Mori, Mikihiko; Kita, Hajime	2019	Analyzing the Effect of Museum Practice by Using a Multi-Mouse Quiz among Children from Different Grades - A Reflection Perspective
131	Zhou, Wei; Georgakis, Panagiotis; Heesom, David; Feng, Xiandong	2012	Model-Based Groupware Solution for Distributed Real-Time Collaborative 4D Planning through Teamwork

| 132 | Zippel, Claus; Bohnet-Joschko, Sabine | 2017 | Innovation for Safe and Effective Medical Devices: Contributions from Postmarket Surveillance |

Quelle: eigene Darstellung

36

Anhang 2: Ausgewählte Literatur

Lfd.-Nr.	Autor	Jahr	Titel	Potenziale
Literatur aus systematischer Literaturrecherche				
1	Adamides, Emmanuel; Karacapilidis, Nikos	2020	Information technology for supporting the development and maintenance of open innovation capabilities	- Einfache Verbindung einer großen Anzahl von Benutzenden - Förderung einer wissensgesteuerten Unternehmenskultur - Vereinfachung der gemeinsamen Wissensgenerierung - Bilden einfache Plattformen zum Wissensaustausch - Unterstützung und Strukturierung der Interaktion
2	Alcoforado, Elidomar; Alcoforado, Daniela; Santos, Jose Antonio C.; Schon, Michael	2019	Knowledge Management through Groupware Technology	- Jederzeitige Verfügbarkeit von relevanten Informationen - Demokralisierung der vorhandenen Wissensbestände - Steigerung der Geschwindigkeit von Prozessen - Reduzierung von Entwicklungskosten - Steigerung der Ressourcenflexibilität
3	Alvertis, Iosif; Koussouris, Sotiris; Papaspyros, Dimitris; Arvanitakis, Evangelos; Mouzakitis, Spiros; Franken, Sebastian; Kolvenbach, Sabine; Prinz, Wolgang	2016	User Involvement in Software Development Processes	- Verkürzung der Innovationszeiten (asynchrone Zusammenarbeit) - Unterstützung der Kooperation von lokal verteilten Gruppen - Vereinfachtes Interaktions- und Dokumentenmanagement - Verringerung der Forschungs- und Entwicklungskosten
4	Han, Ji; Park, Dongmyung; Forbes, Hannah; Schaefer, Dirk	2020	A computational approach for using social networking platforms to support creative idea generation	- Bereitstellung von aktuellen Informationen (in Echtzeit) - Unterstützung bei der Ideenfindung (Gruppeneffekt) - Speicherung und Sortierung einer Datengrundlage
5	Li, Shuliang; Li, Jimzheng	2014	Linking Social Media with Open Innovation: An Intelligent Model	- Verbessert die Kreativität und den Konsens von Mitwirkenden - Ermöglicht eine internationale sowie externe Interaktion - Erhöhung der Analysequalität relevanter Informationen - Unterstützung der intentionalen Kundeneinbindung - Verbesserung der Innovationsleistung- /Qualität - Beschleunigung von Innovationsentscheidungen - Überwindung von Zeitzonen / Standortbarrieren - Kostensenkungen und Aufwandseinsparungen
6	Niu, Xiao-Jing; Qin, Sheng-Feng; Vines, John; Wong, Rose; Lu, Hui	2019	Key Crowdsourcing Technologies for Product Design and Development	- Verbesserung der Interaktion von Interessensparteien - Optimierte Innovationen / Prozesse (Gruppeneffekte) - Einfache Adaption von fehlenden Ressourcen

#	Autor	Jahr	Titel	Beitrag
7	Yenicioglu, Baskin; Suerdem, Ahmet	2015	Participatory New Product Development - A Framework for Deliberately Collaborative and Continuous Innovation Design	- Vereinfachte Plattformeinbindung von Kunden (Nutzerakzeptanz) - Keine Einschränkung von physischen oder Zeitlichen Grenzen - Ermöglicht eine Bildung von Markengemeinschaften - Dient der nachhaltigen Produktentwicklung
Thematisch passende, ergänzende Literatur				
1	Kaplan, Andreas M.; Haenlein Michael	2011	Users of the world, unite! The challenges and opportunities of Social Media	- Gemeinsame Ideenfindung (Demokratisierung der Informationen) - Ermöglicht den zeitnahen und direkten Kontakt mit Partnern - Reduzierung der notwendigen Kostenstrukturen - Erhöhung des Effizienzniveaus bei Prozessen - Verbesserung der Innovationsqualität
2	Lindermeir, Andreas	2011	Digitalisierung des Innovationsmanagements: Über Chancen und Herausforderungen von IT-Maßnahmen in Innovation Communities	- Veringerung der benötigten Forschungs- und Entwicklungszeiten - Verbesserung der unternehmensübergreifenden Kommunikation - Reduzierung der Innovationskosten (effiziente Schnittstellen) - Verbesserung des strategischen Fits bzw. Neuheitsgrades - Optimierung der gemeinsamen Datenverwaltung - Einbeziehung von zahlreichen Perspektiven

Quelle: eigene Darstellung

BEI GRIN MACHT SICH IHR
WISSEN BEZAHLT

- Wir veröffentlichen Ihre Hausarbeit,
  Bachelor- und Masterarbeit

- Ihr eigenes eBook und Buch -
  weltweit in allen wichtigen Shops

- Verdienen Sie an jedem Verkauf

Jetzt bei www.GRIN.com hochladen
und kostenlos publizieren